حكايات غابة الأصدقاء

الثعلب والحمامة

سليم أحمد حسن

www.alrowadpub.com

فِي غابةٍ جميلةٍ واسعةٍ، كثيرةِ الأشجارِ والمِياه، كانت الطيورُ والحيواناتُ تعيشُ في راحةٍ، ومحبَّةٍ، وسرورٍ. وَمِنْ بين الطيور كانت حَمامةٌ بَيضـا[ء] صَغيرة، تَبني عشها فوقَ شَجَرة.

وضعت الحمامةُ بَيضَتينِ فِي العُشِّ، ورقدت فوقَهُمـــا، لا تُفارقُ العُشَّ، إلاّ للبحث عن طَعامِها وشَرابِها. وَعِندَها يَأتِي الذّكرُ، ليَرْقُدَ على البَيضِ، لِيَبقى تحتَ دَرجةِ حرارةٍ مُعيَّنةٍ .وَليَحميهِ مِنَ الزّواحِفِ وَالطّيور.

وبعدَ ثمانيةِ عشَرَ يومًا، فقَسَتِ البيضَتان، وخَرجَ مِنهُما فَرخانِ صَغيرانِ جدًا، وَراحتِ الأمُّ تُطعِمُهما مِن لبَنِها، حَتّى بدَأ الفَرخان يَكبُران، ويُغطّي الريشُ جِسمَيْهِما. والأمُّ فَرِحَةٌ بذلكَ كَثيرًا.

بَدأَت الأمُّ تُدرِّبُ الفرخَينِ علَى الطيَرانِ، تَطيرُ أَمامَهُما حولَ العُش، وهُما
يُقلِّدانِ ما تفعل. وكانَت الأمُّ حَريصةً علَى أَن لا يصيبَهُما أيَّ مَكروهٍ.

لَمْ تكُن الأمُّ تدري، أنّ الثعلبَ الماكرَ
اكتشَفَ العُش. وأنّهُ يُراقبُ الحَمامَة
وَالصغيرينِ حتى يَكْبرا، ويُفَكِّرُ مِن ناحِيةٍ أُخرى،
بحيلةٍ يخدعُ الأمَّ بِها، ويَحصُلُ على الفرْخَين.

وذاتَ صَباحٍ، اقْترَبَ الثعلبُ من الشجرةِ،
ورفعَ رأسه إلى الحمامةِ صائِحًا:
أيتها الحمامةُ، أسقطي لي أحدَ فَرخيكِ،
فأَنا جائعٌ كثيرًا، وإلّا تسلَّقتُ الشَجَرَةَ،
وأَكَلتُ الاثنين.

قالَت الحمامةُ : لَن أرميَ لكَ ابني ..!
قالَ الثعلبُ : ها أنا، قادمٌ إليكِ، وبدأ يقترِبُ من جذع الشّجرة. فَخافت الحمَامة، وتوَسّلت للثعلبِ أن يَتْرك لها الصغير حتّى صَباح الغدِ، لتُوَدِّعَهُ، فوافقَ على ذلك.

وَضَعت الحمامةُ الفَرخينِ تحتَ جَناحَيْها في العشِّ، وراحَت تبكي، وَتفكِّرُ بِطريقةٍ سَريعةٍ، تُنقِذُ الصغيرينِ منَ الثعلبِ، وقَبلَ أَن يَعودَ في صَباحِ اليومِ التالي.

طارَت الحمامةُ ، والدُموعُ تَتَساقَطُ مِن عيْنَيْها، وَنَزلَت عَلى غصنِ شَجَرةٍ، يقفُ عَليهِ غُرابٌ. وحَكَت لهُ حِكايَتها معَ الثعلبِ، ولكنَّ الغرابَ قالَ لها إنّهُ لا يَعرِف كَيفَ يُساعِدُها.!

ذَهَبتِ الحَمامةُ إلى حيثُ يَنامُ طائرُ البُوم، وطلبت مُساعدَتَهُ في إنقاذ صغيريْها مِنَ الثعلَب، وَلكنَّ البومَ اعتذَرَ قائلِاً، إنّهُ لا يُمْكِنُهُ التفكير وهو نعسَان.

طارَت الحَمامة إُلى ضِفَّةِ النهر، وَطَلَبَت مُساعدةَ طَائرِ الكرْكي طويل الرقبةِ والرجْلَيْن فَقالَ لها: إِنَّ الثعلبَ لا يستطيعُ تسَلُّقَ الأشجارِ فَلا تَخافي، إِنَّـهُ يخدَعُك فَقَط.

عادت الحمامةُ إلى عُشِّها سعيدةً جدًا، كانَ الصَغيرانِ خائفَيْن، فَقالَت لَهما، أنتُما في أمَانٍ، ولَنْ يَصِلَ الثَعلبُ إليكُما، فَتعالا نَرجعُ للتَّدَرُّبِ عَلى الطَيرانِ .

وفي صباحِ اليومِ التالي، جاء الثعلبُ، وَوَقفَ تحتَ الشجرَة، وصاحَ بالحمامةِ أن تُلقيَ له أحد الصغيرين، ولكنها قالت له: تعالَ خُذهُ بنِفسِكَ إن استطعت.! فقد أخبرني الطائر الكرْكي أنكّ لا تتسَلّقُ الأشجارَ.

ذهبَ الثعلبُ إلى الشاطئ، وسألَ طائرَ الكرْكي: أين تضع رأسك إن هبّت ريحٌ قويّة؟ قال الطائر: أضعُهُ تحت جناحي، هكذا..وانقضّ الثعلبُ فأمسك برقبةِ الطائر، وهوَ يقولُ له، قبلَ أن تَنصحَ غَيرك، انتبه لنفسك.

ـمامة في العُش.؟

....

س 2:   كم يومـًـا يحتاج بيض الحمامة ليفقس.؟

....

س 3:   ماذا قال الثعلب للحمامة من تحت الشجرة .؟

....

س 4:   ماذا قال لها طائر " الكركـْـي " حين طلبت مساعدته .؟

....

س 5:   ما السؤال الذي سأله الثعلب لطائر " الكركـْـي " .؟

....

س 6:   وماذا قال له وهو يُمسك رقبته .؟

....